Affectueux hommage de l'auteur
H. Sauvage

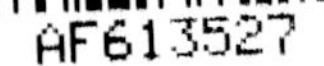

Mortainais Historique et Monumental.

18.

MORTAIN

PAR

René TOUSTAIN de BILLY

D'après les Manuscrits autographes et inédits
de la Bibliothèque nationale,

précédé d'une

NOTICE BIOGRAPHIQUE ET BIBLIOGRAPHIQUE SUR L'AUTEUR

PAR

M. Hippolyte SAUVAGE

Avocat

Ancien Maire et ancien Juge de Paix.

MORTAIN, IMPRIMERIE A. MATHIEU.

1879.

MORTAIN

Mortainais Historique et Monumental.

18.

PAR

René TOUSTAIN de BILLY

D'après les Manuscrits autographes et inédits de la Bibliothèque nationale,

PRÉCÉDÉ D'UNE

NOTICE BIOGRAPHIQUE ET BIBLIOGRAPHIQUE SUR L'AUTEUR

PAR

M. Hippolyte SAUVAGE

Avocat

Ancien Maire et ancien Juge de Paix.

MORTAIN, IMPRIMERIE A. MATHIEU.

1879.

L'histoire de Mortain par Réné TOUSTAIN DE BILLY est complètement inédite.

Nous nous félicitons de pouvoir la faire connaître aux habitants de ce coin de notre chère Normandie, si grand et si riche en souvenirs mémorables et si remarquable par sa situation pittoresque dans une contrée de bocages, de montagnes et de torrents, comme aussi digne à tous égards de l'attention par l'esprit d'affabilité de sa population et par son goût éclairé pour tout ce qui touche à l'étude. C'est donc avec une joie véritable que nous acceptons le soin de cette publication, dont le résultat sera, nous l'espérons du moins, de populariser le passé d'un pays qui a eu ses gloires et ses événements notables entre tous.

Peu d'hommes se sont occupés de recueillir et de narrer ces faits, et leurs compositions sont restées dans l'oubli à l'état de manuscrits. Cependant, depuis un demi siècle, un certain nombre de mémoires ont été écrits sur le Mortainais. Seulement, comme ils ont été pour la plupart édités dans des recueils spéciaux ou dans des collections de diverses sociétés savantes, ils sont demeurés presqu'inconnus de ceux qu'ils devaient le plus intéresser. Ainsi des travaux de DE GERVILLE, sur l'*Eglise de Mortain* et sur les *Châteaux* et les *Abbayes* du Mortainais (1) ; ainsi du *Mémoire sur Mortain*, par Julien PITARD, écuyer, seigneur de Saint-Jean-du-Corail et de Boudé, mis au jour par Louis DU BOIS (2) ; ainsi du *Voyage à Mortain*, par le même L. DU BOIS (3) ; ainsi de la notice sur les *Stalles* et l'*Eglise de Mortain*, par M. Léon DE LA SICOTIÈRE, perdue dans une volumineuse collection (4) ; ainsi des études de l'abbé DES ROCHES, dispersées dans diverses publications (5) ; ainsi d'un *Essai sur l'histoire de Mortain*, par Prosper LE MAISTRE (6) ; ainsi d'un fort bel et fort bon article sur l'*Arrondissement de Mortain*, composé par M. Ed. LE HÉRICHER, et qui se retrouve, non sans peine, au milieu des notules composées sur les cinq départements de la Normandie (7) ; ainsi d'un *Fragment historique sur*

(1) Mémoires des antiquaires de Normandie, année 1828, t. I, p. 142, — t. IV, p. 184.

(2) Recherches historiques et archéologiques sur la Normandie, 1843.

(3) Alençon, an VIII.

(4) De Caumont, bulletin monumental, t. V, p. 360.

(5) 1°. Histoire du Mont Saint-Michel et de l'ancien diocèse d'Avranches, 1839, 2 vol. in-8° — 2°. Annales religieuses de l'Avranchin, Caen, Hardel, 1847, in-4°. — Collégiale et prieuré de Mortain ; prieuré de Saint-Hilaire-du-Harcouët, 1849, Caen, Hardel, in-4°. — Annales civiles et militaires du pays d'Avranches, Caen, Hardel, 1856, in-4°.

(6) Mémoires de la Société archéologique d'Avranches, 1842, 1er volume.

(7) MM. Carpentier, La Normandie illustrée, 18.., 2 vol. in-f°.

Mortain, publié par LEMONNIER (1) ; ainsi de *Mortain*, par M. Joseph D'AVENEL (2), opuscule qui n'est réellement qu'un compte rendu et une appréciation de nos propres recherches historiques sur l'arrondissement de Mortain ; ainsi des recherches historiques, biographiques et généalogiques de la famille de Mortain, par Ch. DE MORTAIN (3) qui s'est longuement occupé de notre ville ; ainsi des diverses compositions de M. Henri MOULIN (4), qui ne sont que des monographies se rattachant à un sujet plus général et qui ne se trouvent pas dans le commerce, où elles n'ont pas été mises ; ainsi de quelques autres encore et des meilleurs. De telle sorte que nous pouvons dire, sans flatterie aucune, qu'il n'existe par le fait sur le Mortainais que deux seuls et uniques ouvrages que nous avons édités, l'un sous le titre de *Recherches historiques sur l'arrondissement de Mortain*, 1851, 400 pages in-8° ; l'autre sous la dénomination de *Mortainais historique et monumental*, de 1853 à 1871, 17 brochures in-8°. Et encore le premier, qui remonte à plus de vingt-cinq ans, fut-il tiré à 200 exemplaires seulement, qui remis aux mains de bienveillants souscripteurs, ont presque tous disparu du pays. Ce livre, qui eut un succès d'estime (5) est donc devenu à peu près introu-

(1) Annuaire de la Manche, 1838.

(2) 1851. A Mortain, chez Aug. Lebel.

(3) Mâcon, Protat, 185[illegible], in-4°.

(4) L'église collégiale de Mortain. Mortain. Lebel, 1864. — Notice sur le prieuré du Rocher et l'hospice de Mortain. Mortain. v° Boulay, 1875. — Anciens chemins du Mortainais, 1877, Mathieu, à Mortain.

(5) Nous avons obtenu pour ce volume, au concours des antiquités nationales de la France, une mention honorable de l'Académie des Inscriptions et Belles-Lettres. Rapport de M. Ch. Lenormand.

vable et les exemplaires en sont rarissimes. Le second, qui est toujours en voie de publication, n'a eu, pour la plupart des brochures qui composent son ensemble, que 50 et même 25 exemplaires, offerts à des amis (1).

Une nouvelle composition sur Mortain, quelque minime qu'elle soit, est donc une bonne fortune. Nous pensons pouvoir affirmer à nos lecteurs, s'ils veulent bien l'agréer, que ce ne sera pas la seule que nous pourrons partager avec eux, et nous leur tenons encore en réserve quelques autres surprises du même genre.

Quelques mots maintenant sur le manuscrit que nous imprimons et sur son auteur.

Messire (2) Réné Toustain de Billy, prêtre et docteur en théologie, fut au temps du roi Louis XIV curé de la paroisse du Mesnil-Opac (3). Il naquit en 1643, à Maisoncelles-la-Jourdan (4), et mourut au Mesnil-Opac, le 17 avril 1709, en son presbytère.

C'est tout ce que l'on connaît sur lui. Mais son souvenir vit dans ses œuvres historiques et archéologiques qui sont nombreuses et d'une véritable importance.

Doué d'une patience rare et à toute épreuve, de Billy avait compulsé et à peu près copié tous nos cartulaires Cotentinais. Il cite à chaque page son *Recueil de chartes*, auquel il a fait de très nombreux emprunts dans ses compositions diverses; malheureusement, cette compilation paraît perdue pour

(1) Nous ne parlons que pour mémoire des Etrennes Mortainaises, qui n'ont paru que de 1851 à 1859.

(2) C'est le titre qu'en général on donnait aux ecclésiastiques.

(3) Canton de Tessy, arrondissement de St-Lo (Manche).

(4) Canton de Vire (Calvados).

les savants. Cette perte est d'autant plus regrettable que beaucoup de ces cartulaires ont disparu pendant la révolution (1).

Quant à ses travaux personnels, tous se rapportent au diocèse de Coutances, qu'il a constamment habité (2). Ils lui furent inspirés et conseillés par Nicolas-Joseph FOUCAULT, chevalier, marquis de Magny, conseiller d'Etat et intendant de la Basse-Normandie, à Caen, savant lui-même, et qui fut un véritable Mécène pour les lettrés de cette généralité. TOUSTAIN DE BILLY lui dédia ses *Mémoires sur l'histoire du Cotentin*, dont fait notamment partie notre histoire de Mortain. Nous le reconnaîtrons bientôt à la forme et aux locutions employées par lui.

FOUCAULT, on le sait, provoqua des études nombreuses de la part de tous les principaux magistrats normands. Elles étaient destinées au Duc de Bourgogne, le fils du grand roi, et elles produisirent sur le XVIIe siècle une somme remarquable de travaux, qui sont toujours consultés avec un très vif intérêt.

L'intendant fit appel particulièrement à ses subdélégués et il eut soin de leur adjoindre quelques savants, parmi lesquels TOUSTAIN DE BILLY, dont le mérite et le talent lui étaient signalés et connus dès longtemps; celui-ci répondit à sa bienveillance par l'envoi des ouvrages suivants :

(1) De Gerville. Et. géog. et hist. du département de la Manche. p. 232.

(2) En 1697. d'Hozier, l'illustre héraldiste, le trouva au Mesnil-Opac et l'inscrivit à l'armorial général de la France pour le blason suivant : Réné TOUSTAIN, prêtre, curé de la paroisse du Mesnil : d'argent à deux faces d'azur. accompagnées de trois merlettes de sable, deux en chef et l'autre entre les deux faces. Finance 20 livres. Généralité de Caen, bureau de St-Lo, n° 85. Bibliot. nat. cab. des titres n° 388.

I. Histoire ecclésiastique du diocèse de Coutances.

Inédite jusqu'à ce jour, cette histoire, qui comporte la partie la plus considérable de l'œuvre de DE BILLY, est actuellement en cours de publication. Elle fait partie de la bibliothèque de la Société de l'histoire de Normandie, qui en a confié tous les soins à M. François DOLBET, archiviste du département de l'Eure. Trois volumes doivent composer l'ouvrage. Les deux premiers sont parus à Rouen, en 1874 et 187., chez Métérie.

Le manuscrit de cet ouvrage considérable doit se trouver à la bibliothèque publique de Cherbourg (1).

Il en existe une très bonne copie à la bibliothèque de Caen ; elle est en deux volumes et faite du temps de l'auteur, qui paraît l'avoir connue.

II. Histoire du Cotentin, ou *Mémoires pour l'histoire civile du Cotentin.*

L'autographe, qui porte la date du 20 août 1706, et qui se compose de 81 feuillets in-f°, soit 162 pages, est conservé à la Bibliothèque nationale de la rue Richelieu, à Paris, sous le n° 4.900 du Fonds Français. Il provient des collections DE BOZE (Supp. Français, 2!, n° 1.037), et REGUIS (9.597 — 9).

La bibliothèque du roi l'avait vu passer du cabinet DE BOZE sur ses tablettes en l'année 1750.

Ce manuscrit, maculé de fréquentes ratures, de renvois, d'annotations, de surcharges et d'additions

(1) Théod. Lebreton, biog. norm. — Edouard Frère, monogr. du bibliog. norm.

nombreuses, qui en constatent parfaitement l'authenticité incontestable, est écrit d'une encre très noire, qui a résisté à toute action corrosive du temps, et d'une main très sûre.

Plusieurs copies en ont été faites. Les plus anciennes sont aux bibliothèques de Caen (1), de Saint-Lo et de Bayeux. Mais d'après ces copies, le manuscrit original que nous signalons a subi de très notables et très sensibles modifications qui ressortent de la manière la plus évidente de la comparaison des textes et particulièrement du fragment qu'en a publié la Société d'archéologie et d'histoire du département de la Manche (2).

Il en résulte que le texte vrai de Toustain de Billy, c'est-à-dire l'autographe de la Bibliothèque nationale, n'en a que plus de droits à tous nos respects.

Le Muséum Britannique (Harlay, n° 4.599) possède également une transcription de l'histoire civile du Cotentin, qui constitue un volume in-4° de 313 feuillets, écrit par six ou sept mains différentes, entre lesquelles l'original paraît avoir été partagé.

Ce qui concerne chaque ville forme dans l'histoire du Cotentin un ouvrage indépendant. Il est certain que l'on a rarement copié le livre entier. Chacun y a pris ce qui l'intéressait : ainsi l'habitant de Valognes a négligé ce qui concerne la ville de Saint-Lo et réciproquement. Nous savons notamment que M. A. de l'E... avait transcrit, d'après le manuscrit de Bayeux, l'article *Mortain* ; on retrouverait cette copie à Mortain même dans les documents historiques laissés par lui.

(1) Cette transcription porte la date de 1728. Elle est de 760 pages in-4°.

(2) Villes de Saint-Lo et de Carentan. Elie, 1864.

De là l'extrême difficulté de trouver un texte complet de l'histoire du Cotentin.

Aussi, en présence de l'importance de cette composition précieuse, MM. J. TRAVERS et RAGONDE firent-ils, en 1832, un appel aux souscripteurs normands pour sa publication, qui devait former trois volumes in-8°. Ils lancèrent leur prospectus ; mais leurs efforts n'eurent pas le succès qu'ils devaient attendre.

Nous ne connaissons donc de cet ouvrage que le fragment édité par la Société d'archéologie et d'histoire du département de la Manche, en 1864, et qui comprend seulement les deux villes de Saint-Lo et de Carentan.

Quant à expliquer comment TOUSTAIN DE BILLY a consacré un article à Mortain, qui ne faisait pas partie du Cotentin, ni du diocèse de Coutances, mais bien plutôt du Bocage et du diocèse d'Avranches, il est facile de s'en rendre compte par cette considération que nos ducs de Normandie avaient soumis diverses parties du Cotentin aux comtes de Mortain, pour la juridiction de nombreux droits féodaux. Quantité de paroisses cotentinaises se trouvèrent pendant plusieurs siècles successifs sous la dépendance de Mortain et firent partie intégrante du domaine de nos comtes. Enfin, au dire de nos anciens chroniqueurs, les seigneurs domaniaux de Coutances n'étaient autres que ceux de Mortain même : *Comes Constantiensis is est Moretoniensis.*

Toujours est-il que soit pour cette raison, soit pour toute autre, DE BILLY a cru devoir composer une monographie sur *Mortain ;* nous la faisons nôtre, et nous la communiquons à nos compatriotes. Elle est d'ailleurs peu étendue et comprend dans le manuscrit autographe les feuilles 65, 66, 67, 68, 69 et 70, soit 12 pages in f°.

III. Histoire de la ville de Saint-Lo.

C'est l'un des passages détachés du précédent manuscrit : seulement il est inséré dans un volume à part.

Manuscrit autographe classé à la Bibliothèque nationale, au Fonds Français, sous le n° 4.899, fol. 405, 55 feuillets, soit 110 pages. Il est daté de l'année 1703 et vient comme le précédent du fonds DE BOZE (Supp. Français, n° 1.026).

IV. Mémoire sur l'abbaye de Blanchelande.

De même que l'histoire du Cotentin, il date du 20 mars 1706 et se trouve inscrit à la Bibliothèque nationale, Fonds Français, n° . Il a été versé également de la collection DE BOZE (Supp. Français, n° 1.027).

Au surplus, il est certain que les différents auteurs, qui ont écrit sur l'histoire civile ou ecclésiastique du diocèse de Coutances, ont largement puisé dans les divers manuscrits de ce travailleur infatigable et qu'ils ont tiré un grand parti des recherches consciencieuses de ce savant curé. Parmi eux, nous pourrions nommer : TRIGAN, BISSON, HOUEL, DE GERVILLE et vingt autres.

Quant à ce qui regarde spécialement Mortain, nous pouvons dire que nous n'en connaissons le manuscrit que depuis fort peu de temps et que celui-ci n'a été consulté par aucun des auteurs qui ont publié sur notre contrée.

TOUSTAIN DE BILLY ne nous apprendra peut-être rien de bien nouveau : tout au plus quelques détails, délaissés ou ignorés par d'autres ; cela nous suffit. Mais nous aurons le mérite de faire connaître son ouvrage et nous le laisserons intact et tel qu'il l'a conçu, sans le modifier en quoi que ce soit, nous permettant seulement quelques simples annotations (1).

HIPPOLYTE SAUVAGE.

(1) Voir : Le Père Lelong, Bibliot. hist. de la France, t. I, n° 9 999. — Masseville, Hist. somm. de Normandie. t. I, p. 351. — Michaud, Biog. universelle. — Didot. Biog. générale. — De Gerville, Etudes géog. et hist. sur le départ. de la Manche, 1854, p. 232 — Id. Châteaux et abbayes du départ. de la Manche — Edouard Frère, manuel du bibliog. normand, 1858. — Théod. Lebreton, biogr. normande, 1861. — F. Pluquet. Curiosités littér. de la Normandie. Etc., etc.

MORTAIN

D'après les Mémoires composés par TOUSTAIN de BILLY

Curé du Mesnil-Opac

POUR L'HISTOIRE DU COTENTIN

DÉDIÉS A M. FOUCAULT

Conseiller d'État et Intendant de la Basse-Normandie.

De Mortain.

Mortain est une ville du diocèse d'Avranches (1), à 7 lieues de cette ville, vers le levant, à 5 lieues de Vire, vers le midy, à l'extrémité méridionale du Cotentin, et enfin à une lieue de cette fameuse montagne de *Brimbal* (2), dont nous avons parlé.

(1) Mortain est aujourd'hui l'un des chefs-lieux d'arrondissement du département de la Manche, à 271 kil. de Paris, 30 kil. d'Avranches et 21 kil. de Vire.

(2) Brimbal se trouve à la pointe N. E. de l'arrondissement et à 20 kil. de Mortain, dans le canton de Sourdeval-la-Barre. C'est de ses flancs que jaillissent les quatre rivieres de la Vire, le Noireau, l'Egrenne et la Sée.

Situation de Mortain.

Cette ville est située sur le penchant d'une haute montagne qu'on appelle *La Lande* (1), vers le couchant, de manière qu'on ne peut y aborder qu'en montant et en descendant par des routes très difficiles, et cette *Lande* est l'extrémité occidentale de cette forêt si connue autrefois sous le nom de *Lande-Pourrie* (2).

Cette extrémité au penchant de la *Lande* est séparée d'une autre lande par un petit ruisseau, nommé *Canse*, qui coule du nord au midy, lequel est bordé des deux côtés des plus effroyables rochers qu'il y ait dans la province (3). Le fond où coule ce ruisseau n'a pas plus de cinquante pas de largeur, et fait de ce vallon l'une des plus grandes solitudes qu'il y ait en France.

(1) Ceci est une erreur : la montagne qui domine Mortain ne s'est jamais appelée La Lande, mais bien La Montjoie. Elle fait partie de la chaîne de montagnes qui se rattache aux Monts Jurassiques. On en peut suivre la ligne non interrompue de Mortain à Domfront, sur toute la lisière de la forêt de Lande-Pourrie.

(2) Cette forêt, malgré de nombreux défrichements, contient encore actuellement environ 6000 hectares. Depuis plusieurs siècles, elle a cessé d'être à haute futaie, pour ne présenter que des bois-taillis.

(3) La vallée de la Canse, sous le château de Mortain, est l'une des plus ravissantes que nous connaissions, et les rochers de Belle-Place, au Séminaire de l'Abbaye Blanche, sont remarquablement beaux. Quant aux deux chutes d'eau que forment la Canse et le Canson, elles méritent à tous égards d'avoir donné à la contrée de Mortain le surnom de *Suisse Normande*.

Sa description.

Du milieu de *La Lande*, qui est vers le couchant, sort un second ruisseau, nommé *Canson*, qui roulant ses eaux vers le levant, au travers ces effroyables rochers qui bordent la *Canse* de ce côté là, comme s'il voulait les séparer, pour unir plus tôt ses eaux à celui-cy, vis-à-vis de Mortain, forme des cascades qui semblent imiter les cataractes du Nil. La dernière de ces chutes est de plus de quarante pieds de hauteur, et fait un tel bruit qu'on deviendrait sourd si l'on restait longtemps auprès.

Ces deux ruisseaux, unis ensemble, vont, un quart de lieue (1) au-dessous de Mortain, perdre leur nom dans la *Selune*, que nous avons cy-devant appelée *Ardée*, en latin *Semita*.

Sur le plus élevé de ces affreux rochers qui sont au levant de ces ruisseaux, au-dessous de la ville, est bâti le château. Il paraît assez ancien (2). Ce

(1) C'est à environ 15 kil. de là que la Canse se jette dans la Selune.

(2) Le château-fort primitif se composait d'un donjon carré, défendu par six tours placées, trois en face et en avant de la ville, et trois du côté de la vallée. La première, vers le Neufbourg, à droite de la porte d'entrée de la forteresse, se nommait la *Tour des Cachots* ; on en voit encore les fondations dans des jardins ; la 2e, à gauche de la herse d'entrée, qui a été détruite en 1838, était appelée la *Tour de sur la Porte* ; la 3e, à l'extrémité méridionale des halles, fut démolie en 1610, pour faire place à ces halles (nous en avons le plan) ; la 4e, en retour d'équerre, vers la vallée, laisse voir encore des pans de mur dans un jardin (Pinot) ; la 5e a été utilement modifiée et réparée pour les écuries et les remises de la Sous-Préfecture ; la dernière enfin, placée dans un jardin, du côté des [illegible], défendait l'entrée de

n'est plus rien maintenant ; il y a longtemps qu'on le méprise. Ses maisons, sa porte, ses murailles et le reste périssent faute d'entretien. Les murs de tout ce château n'enferment pas plus d'une vergée de terre (1). Excepté du côté de la ville qui luy commande (2) absolument, il était imprenable, le rocher sur lequel il est étant fort élevé et tout à fait inaccessible ; mais depuis l'usage du canon, cette situation n'est plus considérable ; on peut le battre et l'abismer du haut des rochers qui font face au couchant.

Son terroir.

L'une et l'autre de ces landes, dont Mortain est environné, ne sont fertiles qu'en rochers (3) ; à peine produisent-elles de la bruière. Celle qui est du côté du levant se termine en une espèce d'angle vers le midy. Il y a sur la pointe de cet angle, lequel est d'environ cinq cents pas élevé au-dessus et éloi-

vastes souterrains qui, en 1840, purent être vus à loisir lors de l'effondrement des murs qui en dissimulaient l'orifice. Ce mur a été rebâti et indique l'endroit où se trouvait la tour. L'une des quatre que nous n'avons pas nommées, s'appelait la tour *Boquerel,* d'après de très anciennes chartes.

(1) L'enceinte circonscrite entre ces diverses fortifications, dans lesquelles se trouvaient les cours et les dépendances du château, est à peine d'une cinquantaine d'ares.

(2) En face de l'entrée de la forteresse, là où est le champ de foire actuel, c'est à dire entre la citadelle et la ville, était un large fossé, à demi rempli d'eau, dont la vanne est formée dans des blocs de maçonnerie d'au moins 15 mètres et qui subsiste du côté du Neufbourg, dans les jardins, sous des amas considérables de terre, du côté du nord.

(3) De là le dicton : *A Mortain, — plus de roches que de pain.*

gné de la ville, un petit hermitage qui a l'un des plus beaux aspects du monde (1). Le vallon qui est au-dessous, traversé par cette rivière que nous avons nommée la *Selune*, qui coule du levant au couchant, est tout à fait agréable. De l'hermitage, on le voit dans une grande partie de sa longueur et de sa largeur, comme un très ample parterre, coupé et diversifié de prairies, terres labourées, hameaux, églises, plants, bois, rivières fertiles en truites, ruisseaux, estangs et autres choses semblables qui rendent un canton bon et beau. Il est d'une grande demi-lieue de largeur (2), il est plein et égal, et bordé au midy et au nord de hautes montagnes.

Sans murailles.

Mortain n'est point fermé de murailles, ny d'aucune espèce de fortification. Il n'y a pas même apparence qu'il y en ait eu (3). Nous trouvons néanmoins que le roi Charles V s'estant, en 1378, rendu maître des places qui appartenaient au roi de Na-

(1) La chapelle de l'Ermitage a été reconstruite en 1851.

(2) La belle vallée de la Sélune a au moins 20 kilom. de largeur depuis Mortain jusqu'à Saint-Symphorien, et elle se déploie sur une surface de près de 60 kilom. de longueur de la forêt de Lande-Pourrie au val d'Avranches. C'est un merveilleux spectacle que celui de cette vallée au centre de laquelle circule la Selune, qu'indique par les fraîches matinées une longue spirale de vapeur qui se déroule comme un fil d'argent.

(3) Toustain de Billy pouvait voir cependant de son temps une tour à la Planche-Majotin. Elle défendait l'entrée de la ville au midi, à la limite des paroisses de Mortain et du Rocher. En la démolissant vers 1820 ou 1822, on y a trouvé un certain nombre de monnaies d'or, dont plusieurs

varre, Charles Le Mauvais, entre lesquelles était Mortain, il en fit démolir les châteaux et ruiner les fortifications, ce qui semblerait marquer qu'il y en aurait eu de différentes du château qui reste (1). Aussy, Monsieur, j'ai cru remarquer entre la porte de ce château et la maison de M. le lieutenant général de cette ville (2) un reste de masse qui m'a paru être le fondement de quelqu'ancienne redoute (3).

Eglises.

Il y a quatre églises à Mortain.

La première est collégiale et paroissiale, fondée

nous ont été montrées : ce sont des agnels, des Francs à pied et à cheval des rois Jean le Bon et Charles V.

(1) Ceci est parfaitement exact. Outre le château-fort, il y avait autour de la ville de Mortain une enceinte continue de murailles. La paroisse du Rocher entourait la ville de tous côtés, de sorte que par la délimitation de l'une on peut déterminer à coup sûr les limites de l'autre. Du reste une charte de 1137 s'exprime d'une manière très claire en parlant des circonvallations de l'enceinte de la ville murée : *Infra ambitum murorum Moretonii tunc existentium.*

(2) Cette maison est celle qu'occupent actuellement les Frères de la Doctrine chrétienne. Ses hautes murailles fort épaisses pourraient avoir fait effectivement partie de l'enceinte fortifiée de la ville C'était là, un peu plus haut vers la rue du Tripot, que devait être la poterne, c'est à dire la porte d'entrée de la ville, communiquant avec le Neufbourg, dont la voie escarpée était la seule qui lui donnât accès vers Vire, Falaise et Caen.

(3) Ce fragment de muraille arrivait jusqu'en face des vannes de la douve du château. Nous croyons donc qu'on a utilisé l'ancien mur d'enceinte de la ville lors de l'édification de cette maison.

de Saint Evrou, desservie par seize chanoines, sans les autres prêtres, dont les dignités sont le doyen et le chantre ; nous allons en parler.

La seconde est une abbaye de filles, de l'ordre de Citeaux, dépendante de Savigny ; on l'appelle *l'Abbaye Blanche*. Elle est plantée sur la *Canse*, entre les rochers des deux *Landes*, trois cents pas au dessous de Mortain.

La troisième est appelée du *Neufbourg* (1), paroisse qui est comme le faubourg de cette ville, vers le nord-ouest, en laquelle est l'*Abbaye Blanche* (2).

Et la dernière est nommée *Sainte Marie du Rocher*. C'était autrefois un prieuré de Bénédictins de la dépendance de Marmoutiers. Il est maintenant en commande. Le chœur de l'église est pour le commandataire qui y fait faire le service par quelques ecclésiastiques gagés. La nef est pour la paroisse et a son curé (3).

Il y a à Mortain bailliage, vicomté (4), élection, maîtrise des eaux et forêts et juridiction des traites.

(1) Elle est sous le vocable de Saint Hilaire. Tous ses caractères architectoniques sont du roman le plus parfait ; cette église est l'une des plus anciennes de la contrée. On peut sans aucune espèce de doute lui assigner la date de 1082, et l'attribuer à la fin du XIe siècle.

(2) L'Abbaye Blanche était située dans la paroisse du Rocher. Mais comme dans le principe elle avait été fondée au Neufbourg, beaucoup d'auteurs ont fait une confusion à ce sujet.

(3) Le prieuré et l'église priourale, et même abbatiale, étaient sous l'invocation de Notre Dame. La paroisse et l'église paroissiale sous celle de Saint Eloi.

(4) La vicomté fut supprimée en 1750 et réunie au bailliage.

Le comte de Mortain, qui est présentement M^r le duc d'Orléans, neveu du Roi (1), a son bailly indépendant du grand bailly du Cotentin, depuis cent quatre-vingts ans environ, quoi qu'en disent Messieurs de ce comté, qui se persuadent n'avoir jamais eu ny le bailly, ny le présidial du Cotentin pour supérieurs ; peut-être produirons-nous quelques preuves du contraire.

Le comte de Mortain pourvoit de plein droit (2) et sans moyen à tous les canonicats qui vacquent en l'église collégiale, qui est censée sa chapelle, et pourvoit aussi à tous les offices de ces juridictions.

Les siéges de Tinchebray, Cuves, Saint-Hilaire-du-Harcouët, Le Teilleul, et quelques autres moins considérables, dépendent des siéges de Mortain. Et ce qui me paraît digne de considération, c'est que l'ancienne forme de judicature s'observe encore dans tout le comté. Les juges qui résident sur les lieux ne sont que lieutenants du vicomte de Mortain, ne jugent qu'en son absence, et luy, vicomte, se rend en ces juridictions à certains jours marqués, pour décider des causes qui se présentent.

C'est, Monsieur, ce que je connais en général de cette ville.

---

(1) L'auteur écrivait ses mémoires du temps de Louis XIV. Le duc d'Orléans dont il parle est donc celui qui fut le Régent.

(2) Les comtes, comme patrons présentateurs, indiquaient les sujets choisis par eux à l'évêque d'Avranches, qui délivrait les collations. C'est encore la marche que suit le gouvernement pour les présentations des archevêques et évêques au Souverain Pontife qui leur délivre ses bulles d'institution. Ces bulles sont ensuite enregistrées à la chancellerie et publiées au *Journal officiel*.

Voicy ce que j'ay pu apprendre de ses divers états :

Auparavant le christianisme, ces landes, ces rochers n'étaient qu'un affreux désert couvert de bois, buissons, halliers, le tout consacré au dieu Mars. Il y avait un temple élevé en son honneur au lieu où est présentement le chasteau (1). Souvent même les anciens réputaient que la divinité de cette idole résidait dans quelque rocher et offraient leur encens à ce rocher comme au dieu Mars, afin d'être fermes et inébranlables à la guerre comme l'est un rocher sur son assiette. Les actes de Saint *Léon* nous apprennent que les Basques et les Navarrois adorèrent un effroyable rocher comme Mars.

Quoiqu'il en soit, la religion des peuples voisins envers cette fausse divinité assembla les hommes en ce lieu dont nous parlons. Il s'y fit par la longueur du temps une ville ou bourg qui porta le nom de la cause qui l'avait faict naistre et fut appelée *Phanum Martis* (2).

C'est ce que nous apprenons des cartes de Ptolémée et plus particulièrement encore des Itinéraires Romains. C'est aussy ce qu'indique positivement M. Danson, dans son traité de la Gaule ancienne, en la page 17me, sous le titre conçu en ces termes : *Gallia ex itinerariis Romanis desumpta,* auquel lieu ce fameux géographe interprète le *Phanum Martis*

(1) Dans nos recherches historiques sur l'arrondissement de Mortain, nous avions indiqué déjà cette tradition. Mais d'après nos propres renseignements, c'est Jupiter lui-même qui avait un autel sur le sommet de la Mont-Joie, *Mons Jovis.* Cette roche est la plus élevée de notre chaîne de montagnes.

(2) Cette étymologie est suivant nous fort contestable.

des itinéraires par notre Mortain (1).

Nous n'avons aucune connaissance certaine de ce qui s'y est passé avant la venue des Normands. Vous en jugerez, Monsieur, mais j'estime qu'il y a eu un monastère de Saint Evrou (2) basti au lieu où est présentement l'église collégiale (3).

Saint Evrou vivait dans le VIe siècle. Il mourut en 596, âgé de 80 ans. Ordéric Vital, religieux de l'abbaye qui porte son nom, a escrit la vie de ce patriarche au livre VIe de son histoire ecclésiastique. Il nous apprend que les fidèles du temps de Saint Evrou *tradebant B. viro domos, prædia, possessiones, familias, etc., rogantes ut eis monasteria ædificans præciperet et ordinem quem vellet vitæ solers pastor imponere.*

Aux prières desquels le saint homme acquiescant, il bâtit quinze monastères : *Quorum petitionibus vir sanctus acquiescit, et quindecim monasteria virorum seu mulierum regulariter instituit.* Ordéric ajoute que de son temps, c'est à dire dans le XIIe siècle, non seulement ces monastères étaient tous détruits, mais mesme qu'on avait perdu la mémoire des noms des lieux où ils avaient été établis et des supérieurs qui leur avaient été premièrement baillés par ce saint abbé : *Nomina locorum in quibus pater Ebrulfus quindecim monasteria constituxit, à*

(1) D'après nos géographes modernes et d'après DE GERVILLE, le *Phanum Martis* qui se trouvait sur le parcours de la voie romaine de Rennes à Cosedia, était situé dans la direction de Rennes à Coutances et à Valognes, aux environs d'Avranches et non pas de Mortain.

(2) Le nom de Saint Evroul est plus généralement adopté.

(3) C'est encore une tradition de nos jours. Les uns parlent d'un monastère, les autres, seulement de la construction d'une église.

vocabulo patrum quos eisdem cænobialibus turmis vicarios Christi præfecit, variis mutationibus rerum per quadringentos annos abolita sunt, quæ sub multis principibus à Clotario magno et Childeberto contingerunt, et usque ad Philippum et Ludovicum ejus filium regnaverunt.

Il voulait marquer cinq cents ans au lieu de quatre ; il y en a plusieurs depuis le règne de Clotaire Ier jusqu'à celui de Louis-le-Gros.

Comme donc les monastères bastis par Saint Evrou furent tous establis dans les plus affreuses solitudes, tant pour s'éloigner du commerce du monde que pour en chasser les restes du paganisme qui sacrifiaient encore en secret aux démons et en bannir les superstitions cruelles, dont on ne pouvait désabuser le peuple, comme aussy ces lieux ou monastères bastis par ce saint patriarche furent après sa mort appelés de son nom et luy même en tous regardé comme un illustre saint, révéré et regardé comme tel, j'ai cru pouvoir penser que l'église collégiale de Mortain estant consacrée à Dieu soubs le nom et l'invocation de Saint Evrou ; et ne trouvant point d'ailleurs d'églises cathédrales, collégiales ou paroissiales dédiées à de saints religieux, (j'en conclus) qu'auparavant la venue des Normands infidèles un monastère de Saint Evrou, lequel ayant esté destruit par eux, fut par leurs successeurs fidèles réédifié en l'église collégiale desservie par des chanoines au lieu de moynes (1).

François des Rues dit en sa Description de la France, p. 202, que Mortain fut érigé en comté l'an

(1) Nous avons tenu à respecter le style de Toustain de Billy, bien que cette phrase soit longue, enchevêtrée et peu grammaticale. Elle met le lecteur hors d'haleine.

1342 et donné à Messire PIERRE DE NAVARRE (1). Il y a aussy d'autres écrivains qui le disent. Ils se trompent pour l'érection de Mortain en comté. Il l'était long temps avant cette époque.

L'an mil quarante-neuf, Guillaume GUERLEN était comte de Mortain et le duc de Normandie, Guillaume LE BASTARD, luy fist perdre cette année son comté assez injustement, si je ne me trompe. GUERLEN était fils de ce seigneur qui, deux ans auparavant, c'est à dire en 1047, combattant contre les rebelles du Cotentin contre LE BASTARD, en la journée du Val-des-Dunes, renversa le roy de France, qui combattait pour notre duc. Il fut tué par le comte de SAINT-PAUL. Ce duc ne pardonnait pas facilement un ennemi de cette importance et ne se faisait pas un scrupule de punir dans les enfants les fautes des pères.

GUERLEN avait chez lui un gentilhomme servant, nommé Robert BIGOT, pauvre comme il arrive souvent, mais de qualité et d'un cœur noble et élevé. Ce gentilhomme ennuyé de son estat et chagrin de se voir obligé de servir pour vivre, résolut de sortir et de passer en Italie en espérance d'y augmenter sa fortune avec les autres seigneurs normands qui y étaient. Il s'en ouvrit à son maître ; GUERLEN l'en dissuada, l'assurant que dans deux mois il pourrait prendre en Normandie tout ce que bon luy semblerait. BIGOT resta, et quelque temps après devint serviteur et favori du duc par le moyen de RICHARD D'AVRANCHES, son parent. Il lui conta ce qui s'était passé entre le comte de Mortain et luy. Le duc soupçonneux et indigné manda GUERLEN, le bannit et

(1) Les lettres patentes royales accordées à PIERRE DE NAVARRE sont de 1401 et non de 1342.

donna son comté à ROBERT, son frère utérin, fils de HERLUIN, lequel avait épousé ARLETTE, sa mère (1).

Le fameux ODON, évesque de Bayeux, était frère de ce comte ROBERT. L'un et l'autre passèrent en Angleterre avec le duc GUILLAUME, leur frère, et y possédèrent de grands biens, après la conqueste de ce royaume.

Notre histoire remarque sur l'an 1069 que ce duc, devenu roy d'Angleterre, partant de Londres y laissa les comtes d'Eu et de Mortain, afin d'empescher les courses des Danois ; que ces comtes surprirent leurs ennemis, les chargèrent, en tuèrent un grand nombre et contraignirent les autres de s'enfuir (2).

Le frère de notre comte, je veux dire l'évesque de Bayeux, était vice-roy d'Angleterre, en l'absence de son frère. Il avait de bonnes qualités ; il en avait aussy de très mauvaises. Ces dernières avaient obligé le roy, son frère, de le condamner à une prison perpétuelle. Ce prince étant prest de mourir, il donna la liberté à tout ce qu'il y avait de prisonniers, excepté à ce prélat, qu'il traita de brouillon *(incipiens nebulo)*. Il avait néanmoins tant de considération pour ROBERT, notre comte, qu'il ne put refuser à ses instantes prières la liberté d'ODON ; c'est ce qui est remarqué par nos historiens sur l'année 1086.

L'an 1088, ce même ROBERT, comte de Mortain, estimant que par le droit d'ainesse la couronne d'Angleterre appartenait plus légitimement à ROBERT-COURTE-HEUSE qu'à GUILLAUME-LE-ROUX, quoique leur père en eust disposé autrement, fut du

(1) Toustain de Billy a suivi le récit d'Ordéric Vital et de Guillaume de Jumiéges.

(2) C'est encore le récit d'Ord. Vital qui a été suivi.

nombre de ceux qui prirent les armes en faveur de l'aîné contre le cadet. On sait qu'ils ne réussirent pas, et c'est ce qui fit que le comte quitta l'Angleterre et revint à Mortain.

C'est luy qui a fondé et doté l'église de Mortain. On conserve encore la charte dans les archives du Chapitre qu'on a eu soin de revoir et relater de temps en temps (1). Elle est de 1082. Il y est parlé en termes exprès q... luy et son épouse, MATHILDE, firent bastir une église nouvelle *dans leur chasteau de Mortain*, ce qui semblerait témoigner que tout Mortain n'aurait été qu'un chasteau, et que ce qu'on appelle présentement chasteau n'aurait été qu'une petite forteresse particulière ; que cette église était bâtie et fondée en l'honneur de Dieu et du bienheureux Evrou, confesseur ; et que, du consentement du Roy, eux, ROBERT et MATHILDE, avec leurs barons, la dotaient de divers revenus qui y sont expliqués pour l'entretien de seize (2) chanoines, dont le doyen et le chantre seraient les dignités ; ce que MICHEL, évesque d'Avranches, confirma.

Peut-être, Monsieur, l'énumération que je vais faire de ces prébendes, de leurs dots et dotateurs, vous sera-t-elle ennuyeuse. J'ai néanmoins cru devoir l'insérer icy, comme elle a été extraite de cette charte, parce qu'il s'y trouve des particularités que des curieux ne seront pas fâchés de voir.

1° La prébende du doyenné, dont partie du revenu est à Cérences et à Esquilly, dans le diocèse de Cou-

(1) Le principal *vidimus* de cette charte était de l'an 1333, du temps du roi Philippe VI de Valois. Il existe encore.

(2) Plus tard, au siècle dernier, ces canonicats furent réduits à 12. A l'un d'eux on avait adjoint en 1615 la cure de la ville de Mortain.

tances, d'où nous apprenons que le comte de Mortain était alors seigneur de ces lieux.

2° Celle de Goron (1).

3° Celle de Condé (2), augmentée par un seigneur nommé Raoul AVENEL, *Radulphus Avenellus* (3).

4° De Notre-Dame de Tinchebray (4), augmentée par THÉODORIC et UNFRED, par la permission de GIFARD, *concedente Gifardo*.

5° Montigny (5).

6° Mesnilgilbert (6), augmentée par HUGUES DE DINAN, du consentement de RAOUL, son fils.

7° De la Sablonnière (7).

8° Bion (8) et Ronceray (9), augmentée par GILBERT DE BRUCOURT.

9° De Beuseville (10), dont partie du revenu est dans le comté d'Oxford.

Ces prébendes furent dotées par le comte ROBERT; les suivantes par ses barons.

La 10°, la Chantrerie, par ROBERT DE CUVES et

(1) Gorron, chef-lieu de canton, arrondiss. de Mayenne (Mayenne).

(2) Condé-sur-Noireau, chef-lieu de canton, arrond. de Vire (Calvados).

(3) De la famille des barons des Biars

(4) Tinchebray, chef-lieu de canton, arrond. de Domfront (Orne).

(5) Montigny, commune du canton d'Isigny, arrond. de Mortain (Manche).

(6) Mesnilgilbert, commune du canton de Saint-Pois, arrond. de Mortain (Manche).

(7) La Sablonnière, commune de Saint-Barthélemy, canton de Mortain (Manche).

(8) Bion, canton de Mortain (Manche).

(9) Roncey, canton de Cerisy-la-Salle, arr. de Coutances (Manche).

(10) Beuzeville, arrond. de Valognes (Manche).

Raoul, son fils, néanmoins *in manu et defensione comitis*.

11° De Touchet (1), par Ursus de Toscheto.

12° Saint Pierre de Tinchebray, par Unfrid de Campo Arnou.

13° Viré (2), par Manguidus de Virrio.

14° Du Fresne (3), par Richard de Sourdeval, *Richardus de Surdavalle* et augmentée par Richard le Roux, *Rufus*.

15° De Refuveille (4), par Norgodus.

16° Enfin de Husson (5), par Guillaume le Vicomte, *vice comes*, augmentée par Roger de Husson.

Il est à remarquer :

1° Que les nommés à ces prébendes, par les comtes de Mortain, sont installés et mis en possession par le chapitre, sans prendre de visa de l'évêque et ainsi pourvus de plein droit.

2° Ils sont exempts de déports, ou plutôt ce droit fut accordé par Turgis, évêque d'Avranches, à la prière de leur fondateur, pour l'entretien de cette église.

3° Ils ont droit de collége et la direction, et leur fondateur les autorisa à confisquer tous les livres de ceux du comté qui iraient étudier ailleurs. C'est le comte de Mortain qui donne les provisions aux suppôts de ce collége, qui lui sont nommés (6) par le chapitre.

(1) Touchet, canton de Mortain (Manche).
(2) Virey, canton de Saint-Hilaire-du-Harcouët (Manche).
(3) Le Fresne-Poret, canton de Sourdeval-la-Barre (Manche).
(4) Reffuveille, canton de Juvigny-le-Tertre (Manche).
(5) Husson, canton du Teilleul (Manche).
(6) C'est à dire présentés par le chapitre.

4° Ce même comte Robert donna encore à ce chapitre *quidquid habebat in manerio de Longuefort et decem libras esterling in theloneo Herenguevillæ, Henrico, rege Anglorum, concedente in Anglia.*

5° Il voulut que le doyen, le chantre, le matriculaire et précepteur fussent de sa table, étant à sa suite.

6° Il leur donna liberté de prendre du bois dans la forêt de Lande-Pourrie, pour les réparations de leur église et pour leur chauffe (1), aux endroits où l'on en prenait pour sa maison, avec le droit de pasnage (2) et pasturage.

7° Droit de correction sur les membres du chapitre.

8° Le premier sergent de la juridiction de Mortain est obligé d'assister à toutes les fêtes solennelles et à tenir en sa main une épée nue pendant la procession et la grande messe, comme pour marquer la protection que les comtes de Mortain donnent à ce chapitre (3).

9° Ce même chapitre prétend que par accord fait entre ledit comte Robert, leur fondateur, et Michel, évêque d'Avranches, ils sont exempts de toute juridiction épiscopale, *ab omni episcopali consuetudine immunes atque etiam liberi à synodo*, et que ce fut en cette considération que ce seigneur accorda à cet évêque *dimidia placita episcopalia et decimam venationis Landæ Putridæ et accipitrum et rerum omnium annuatim in Landâ Putridâ.*

(1) Chauffe pour chauffage.

(2) Panage, droit de nourrir les porcs avec les glands de la forêt.

(3) Nous n'avions encore remarqué nulle part une explication aussi claire donnée à cet usage.

Voicy encore quelques termes de cette charte : *Dedicaverunt Guillelmus, Rothomagensis archiepiscopus, et Michael, Abrincensis episcopus, Odo, Bajocensis episcopus, Gaufridus, Constantiensis episcopus, et Guillelmus, Lexoviensis episcopus, qui autem, consilio archiepiscopi et episcoporum, et rogatu Guillelmi, regis Anglorum, hanc libertatem integram confessis, et violatores vel diminutores vel destructores, Guillelmus, archiepiscopus et episcopi supra nominati, anathemate perpetuo subjecerunt.* -¦- *Signum Willelmi regis.* -¦- *Signum Roberti comitis.* -¦- *Signum Mathildis comitissæ.* -¦- *Signum Odonis, Bajocensis episcopi.* -¦- *Signum Gaufredi, Constantiensis episcopi* -¦- *et signum Gisleberti, Lexoviensis episcopi.*

Le sceau de ce chapitre a en chef et en pointe deux croisettes recroisetées et en face deux bustes. La tête du buste qui est à la droite est mitrée à l'antique ; l'autre est nue et autour sont simplement gravés ces mots, en lettres gothiques : SIGILLUM. CAPITULI. DE. MORITONIO. (1).

Cette comtesse Mathilde, fondatrice avec son mari de cette église collégiale, était sœur du comte de Bellême (2). Il en eut un fils, nommé Guillaume, qui lui succéda aux comtés de Mortain et de Cornoailles, et autres seigneuries de Normandie et d'Angleterre. Il ne s'en contenta pas ; après la mort de l'évêque de Bayeux (3), en 1103, il demanda le comté de Kent, qui appartenait à ce prélat. Il le

(1) Nous avons vu ce sceau sur plusieurs actes des anciennes archives de Mortain, transportées aujourd'hui à Saint-Lo.

(2) Robert de Montgommery.

(3) Odon était son oncle propre.

demanda avec tant de hauteur, pour ne pas dire d'insolence, que HENRY, roi d'Angleterre, qui avait succédé à son frère GUILLAUME LE ROUX, ne crut pas devoir en souffrir. Il dit entre autres choses à ce roi en jurant, qu'il ne luy rendrait jamais service qu'il ne l'eust mis en possession des biens de son oncle ODON. Cette envie d'avoir ces biens incertains luy fit perdre ceux qui luy étaient assurés. Par avis des grands justiciers de HENRY, GUILLAUME DE MORTAIN fut banni à perpétuité d'Angleterre et tout ce qu'il avait en ce royaume fut confisqué au Roi.

GUILLAUME revint en Normandie, et comme si RICHARD, comte de Cestre et d'Avranches, eût été cause de son infortune, il jeta le feu de sa colère et de sa vengeance sur ses forteresses, les prit, les rasa ou brûla, et joint avec ROBERT DE BELLÊME, son oncle, il mit toute la province en guerre et combustion.

Les évêques et les seigneurs de Normandie les plus paisibles, comme les appelle Ordéric VITAL, partisans d'Angleterre, voyant que le duc ROBERT n'y donnait aucun ordre, appelèrent HENRY, roi d'Angleterre, frère de ce duc. Il vint, assiégea Tinchebray, place alors d'importance, appartenant au comte de Mortain. GUILLAUME, suivy de la fleur de ses amys et de ses soldats, y vint aussitôt, fortifia d'hommes et de vivres les assiégés, et fit entrer ce secours malgré les assiégeants, coupper les grains d'alentour qui n'étaient pas encore murs et les fit entrer en plein jour pour nourrir les chevaux, sans que les assiégeants eussent le courage de s'y opposer et enfin pour faire lever le siège, il implora le secours du duc, de ROBERT DE BELLÊME, de ROBERT D'ESTOUTEVILLE et de ses autres amys, comme parle DUMOULIN, sur l'année 1106.

Ce fut son malheur. Le secours vint, le combat se

donna. GUILLAUME DE MORTAIN commandait l'avant-garde. Il combattit en lion, mais en vain. La journée fut pour le Roi. L'armée du duc fut taillée en pièces, luy pris, le comte de Mortain pris par les Bretons et remis entre les mains du roi avec ROBERT D'ESTOUTEVILLE et GUILLAUME DE FERRIÈRES.

Peu de temps après, HENRY ayant assemblé les Etats de la province à Lisieux, il y fut résolu entre autres choses que GUILLAUME, comte de Mortain, ROBERT D'ESTOUTEVILLE, GUILLAUME CRESPIN et quelques autres seraient conduits en Angleterre et mis en prison perpétuelle.

Ce GUILLAUME Ier laissa un fils, héritier de son nom et de ses terres. Ce jeune seigneur périt en l'accident de la Nef Blanche, l'an 1119. Nos historiens remarquent que ce fut un chagrin mortel pour ses vassaux qui l'aimaient tendrement. Ces gens ne pouvant faire mieux, ils n'épargnèrent aucune chose pour recouvrer son corps, afin de luy donner l'honneur de la sépulture. Ils travaillèrent inutilement. Les pêcheurs qu'ils employèrent n'eurent point le bonheur de le rencontrer.

Par cette mort, le comté de Mortain fut dévolu aux mains de HENRY, roi d'Angleterre et notre duc. Il le donna à ETIENNE DE BLOIS, comte de Boulogne, son neveu. HENRY, dit notre historien, avait fait épouser à son neveu ETIENNE, MATHILDE, fille et héritière d'EUSTACHE, comte de Boulogne, et luy avait donné le comté de Mortain et de grands biens en Angleterre.

Ce comte ETIENNE, après la mort de HENRY, fut sacré roi d'Angleterre par les Anglais et reconnu duc de Normandie par la plupart des Normands, spécialement par ceux du Cotentin. Ce fut le sujet d'une longue et rude guerre entre lui et GEOFFROY PLANTAGENET, comte d'Anjou, qui avait épousé

MATHILDE, fille et unique héritière du roy HENRY. Pendant cette lutte, nous trouvons que deux seigneurs de notre Cotentin, ENGELGER et ALEXANDRE DE BOHON, partisans de l'Angevin, et auxquels il avait confié la garde d'Argentan, Hiesme et Domfront, « furent les fléaux (ce sont les termes), de ceux de Mortain et des Cotentinais, qui soutenaient ETIENNE DE BOULOGNE. »

Mortain, néanmoins, ne fut pas fort constant au service de son comte, le roy ETIENNE, car nous trouvons « qu'en 1136, GEOFFROY PLANTAGENET, ac« compagné de quatre cents hommes de cheval, « entra en Normandie et assiégea la ville de Mor« tain ; que le premier jour de ce siége se passa en « légères attaques ; que le second, la place fut ren« due, et les assiégés reçus en grâce ; que tout le « plat païs fut pillé et qu'enfin Saint-Hilaire (1) fut « obligé de se rendre, quoique ce fut une place que « la nature, l'art, les munitions et le courage des « assiégés semblaient rendre imprenable, comme « parle DUMOULIN (2). »

Il semble que ces places n'obéissaient cependant à l'Angevin qu'avec déplaisir, et que s'ils (les habitants) avaient été soutenus dans la révolte qu'ils méditaient, ils auraient volontiers secoué le joug de PLANTAGENET. Aussy ce prince s'y fiait-il fort peu. C'est ce qui l'engagea d'y venir accompagné de ROBERT DE THORIGNY, frère bâtard de l'Impératrice MATHILDE, son épouse, dans le dessein de se les soumettre absolument de gré ou de force, en 1141. Il y fut reçu sans difficulté, ainsi qu'à Tinchebray,

(1) Saint-Hilaire-du-Harcouët, l'un des chef-lieux de canton de l'arrondissement de Mortain ; château-fort.

(2) Histoire de Normandie.

Les Croix, Le Teilleul et Cérences.

Ce fut ainsy que ce comté passa de la maison de Boulogne en celle d'Anjou. Ce comte d'Anjou eut trois fils légitimes : 1° HENRY, qui fut roy d'Angleterre, après la mort du roy ETIENNE ; 2° GEOFFROY, 3° Et GUILLAUME. Il eut aussy un bâtard, nommé HAMELIN. « GEOFFROY, leur père, étant à l'article de « la mort, assigna le comté de Mortain à GUILLAUME, « son plus jeune fils, lequel depuis épousa la com« tesse de VARENNES, fille et héritière de GUILLAUME, « troisième du nom, comte de VARENNES. »

Ce GUILLAUME D'ANJOU, 3° du nom, est ce prince qui fonda l'Abbaye-Blanche, en 1150 (1). Peut-être en dirons-nous quelque chose de plus.

En 1155, le roi HENRY II étant à Westminster et y tenant sa cour plenière, comme on disait, MALCOME (2), roi d'Ecosse, et le prince GUILLAUME, comte de Mortain et de Varennes, se présentèrent pour recevoir l'ordre de chevalerie de la main de Sa Majesté Anglicane. Nos historiens nous assurent qu'il le donna au comte, son frère, et qu'il le refusa au roi d'Ecosse, jusqu'à ce que fussent terminés divers différents qui étaient entre eux.

Cette même année 1155 est une époque considérable pour la ville de Mortain. HUGUES, archevêque de Rouen, et les évêques ROBERT d'Evreux, RICHARD de Coutances et HERBERT d'Avranches, accompagnés d'une grande quantité d'abbés et autres ecclésiastiques du second ordre, et d'une multitude presq'infinie de peuples de toutes conditions, s'étant rendus

(1) Erreur. L'Abbaye-Blanche fut fondée en 1105, par Guillaume, comte de Mortain, qui fut l'année suivante fait prisonnier à Tinchebray.

(2) Malcolm, d'après l'orthographe ordinaire.

en cette ville, y firent l'élévation des reliques du bienheureux hermite Saint GUILLAUME, surnommé FIRMAT. On dit qu'il avait pris naissance dans le Bas-Maine (1) et y passa une partie de ses jours; qu'il fut sacré évêque ou chorévêque à Constantinople; qu'il abandonna le monde, et se retira dans les forêts de Mortain, pour y vivre en véritable hermite, et qu'il passa en cette solitude le reste de ses jours. On en publie mille histoires, lesquelles j'omets parcequ'elles me semblent approcher plus de la fable que de la vérité.

Quoiqu'il en soit, le fameux ROBERT DU MONT (2), ou celuy qui l'a continué, comme lui-même avait continué SIGISBERT, parle de cette cérémonie en ces termes : *Anno Domini 1157, vigesimo imperii Ludovici, regis Galliæ, in octavis Pentecostes, Hugo Rothomagensis archiepiscopus* (en marge, il fut sacré en 1137), *et Rotrocus Ebroicensis et Richardus Constantiensis et Herbertus Abrincensis, episcopi, apud Moritonium levaverunt corpus B. Firmati.* M. NICOLE, curé de Carnet, en son catalogue des évêques d'Avranches, marque cette translation l'an 1155 en ces termes : « En 1155, HERBERT, 24e évêque d'Avranches, leva dans la collégiale de Mortain le corps de Saint GUILLAUME FIRMAT, avec HUGUES, archevêque de Rouen, ROBERT, évêque d'Evreux et RICHARD, évêque de Coutances. Cette cérémonie se fit les festes de la Pentecoste. »

DUMOULIN marque cette cérémonie en la même année 1157.

On voit encore dans la nef de l'église de Mortain,

(1) D'après son historien, il était né à Tours; mais il habita longtemps au Maine, à Mantilly.

(2) Abbé du Mont Saint-Michel.

proche un des piliers qui soutiennent la voûte, du côté du midy, un tombeau élevé de la hauteur de six à sept pieds, sur deux piliers, où l'on dit que les reliques de ce bon hermite sont enfermées. Il y a aussy dans la sacristie une espèce de reliquaire d'argent, qu'on fait voir aux pèlerins, dans lequel il y a une tête et un os de bras qu'on dit avoir esté de ce bon hermite. Il y vient des pèlerins en grande abondance de tous côtés, mais particulièrement du Bas-Maine, qui avaient de coutume de faire de bonnes offrandes. On en fait la fête le 24e avril.

L'an 1163 fut funeste à notre comte GUILLAUME. Il mourut sur la fin du mois de janvier et fut inhumé dans l'église Notre-Dame. On ne fit point de scrupule de donner en mariage sa veuve, la comtesse de VARENNES, à HAMELIN, frère bâtard du défunt, parcequ'elle n'en avait pas eu d'enfants.

Par cette mort, le comté de Mortain retourna à HENRY II, roy d'Angleterre, frère aîné du feu GUILLAUME. Néanmoins MATHIEU, comte de Boulogne, cousin de ce monarque, le querela prétendant qu'il luy devait appartenir en qualité d'héritier du feu roy ETIENNE, à qui, comme nous avons dit, il avait été baillé. Ils s'accordèrent en 1167. Le roy luy promit au lieu une bonne pension à prendre tous les ans sur les coffres d'Angleterre, moyennant quoy il renonça à toutes ses prétentions sur ce comté. Il le servit en toutes ses guerres qu'il avait contre la France.

Vous voudrez bien, Monsieur, que j'ajoute icy une charte par laquelle il parait que le comte de Mortain n'était pas le seul seigneur du pays et que le comte de Cestre, RENOUF d'Avranches, au droit de CLÉMENCE, son épouse, sœur de GEFFROY de Fougères, y possédait de grands biens. Cette CLÉMENCE avait épousé en premières noces ALAIN de Dinan.

Ces terres de Mortain luy avaient été données en mariage par son frère, par cette charte. Ce frère confirma la même donation au comte de Cestre, la voici :

Omnibus tam presentibus quam futuris ad quos presentes litteræ pervenerint Gaufridus de Filgeriis salutem.

Notum sit vobis me concessisse et dedisse Ranulpho, comiti Cestriæ, cum Clementiâ, sorore meâ, in liberum maritagium totum maritagium quod cum ipsâ datum fuit Alano de Dinano, primo marito suo, scilicet totam terram quam antecessores mei habuerunt in valle Moritoniæ cum omnibus pertinentiis et libertatibus tam liberè et integrè ut Guillelmus de Sancto Joanne illud habuit et tenuit anno et die quo fuit vivus et mortuus, qui scilicet Guillelmus totum illud habuit in maritagio cum Olivâ, matre Radulphi de Filgeriis, avi mei ; atque si aliquâ occasione interveniente non possum ei terras predictas deliberare, in aliis terris de hæreditate meâ in Angliâ et in Normaniâ illi perficiam trecentas libras annuas ad monetam Andegavensem, quod cum facere non potero, in aliis terris de hæreditate meâ competentem faciam gratum prædicti comitis de trecentis libratis ei perficiendis.

Præsens Willelmus de Humeto, constabularius Normaniæ, juravit hoc legitimum tenendum et sigillo suo confirmavit.

His testibus : Willelmo, Constantiæ episcopo, Joanne abbate Alneti, Angoto abbate de Lucerna, Willelmo abbate de Hambeia.

Testibus etiam et juratis his : Fulcone Paganello, Willelmo Bajocensis, Hugone de Colonce, Harsculpho de Sublignelo, Petro de Sancto Hylario, Henrico de Humeto, Jordano de Humeto, Thoma de Humeto,

Petro Recand, Raveno de Ver, Juhello de La Luthumeria, Juhello Beringen, Johanne de Humeto, Bartholomeo abbate, Radulpho de Agnis et multis aliis.

Cet acte est sans date ; mais GUILLAUME, évêque de Coutances, qui y est transcrit comme témoin, ayant été sacré en 1184 et étant mort en 1200, il doit être nécessairement de cet intervalle.

Nous l'avons dit, dès le commencement du douzième siècle, vers l'an 1112, RAOUL de Fougères avait fondé l'abbaye de Savigny, et ce, en faveur d'un chanoine de Mortain, nommé VITAL, lequel avec quelques uns de ses associés se retira dans cette solitude, qui était alors une forêt, en espérance d'y travailler plus aisément à l'ouvrage de son salut et auquel DE FOUGÈRES bâtit un monastère. C'est ce que nous apprenons par GUILLAUME DE NEUBRIGE, par ces termes :

Venerandus Vitalis, dit-il, *qui quondam fuerat comitis Moritonii capellanus et apud Moritonium Sancti Ebrulfi canonicus, secularium curarum ac divitiarum depositis oneribus leve jugum Christi per apostolorum vestigia ferre decrevit et in desertis locis aliquandiu cum religiosis quibusdam observantiæ cultus edidicit. Denique Saviniacum vicum ubi antiquorum ingentes ædificiorum ruinæ apparent consideravit sedemque sibi suisque ad habitandum elegit, et in contiguo saltu monasterium in honore Sanctæ et individuæ Trinitatis condere cœpit. Hic eruditione litterarum erat opprime conditu inchoatus, fortitudine et facundiâ præditus, etc. etc.*

C'est, comme je le crois, le seul saint du nombre de ce chapitre (1).

(1) L'abbaye de Savigny a cependant produit plusieurs

Dans un arrêt du Parlement de Paris, donné en 1398, entre les seigneurs de Varenguebec, d'une part, et ceux de la Haye-du-Puits, d'autre, il y est allégué que RICHARD DE LA HAYE épousant MATHILDE, fille de GUILLAUME DE VERNON, celui-ci luy donna en mariage la terre et seigneurie de Varenguebec, avec plusieurs autres qui étaient dépendantes du comté de Mortain : *Dictus Richardus Mathildam de Vernone filiam Willelmi de Vernone in uxorem duxerat, in cujus matrimonio dicta terra de Varenguebec cum pluribus aliis terris eidem Mathildi, per dictum Willelmum de Vernone donatæ fuerant qua terra de Varenguebec de pertinentiis comitatus de Mortaingo* (1) *extiterat etc.* D'où nous connaissons que si quelques seigneurs particuliers avaient des terres ou baronnies dans le comté de Mortain, le comte de Mortain en avait dans les seigneuries des autres, telles que Varenguebec, Cérences, Esquilly et autres terres adjacentes de Coutances.

HENRY II, roy d'Angleterre, donna le comté de Mortain à JEAN, surnommé SANS-TERRE, le dernier de ses fils, et RICHARD, surnommé CŒUR-DE-LION, ayant succédé à HENRY, son père, en 1190, confirma la donation faite à son frère de ce comté, avec 4000 livres de rente à prendre sur les coffres d'Angleterre, suivant la dernière volonté du feu roy, leur père.

Cette même année 1190, le roy étant à Sarisbéry, avec la reine ELÉONORE, sa mère, et le comte son frère, fit le mariage de ce frère avec la fille de

saints personnages : St Vital, St Geoffroy, St Guillaume, St Pierre et St Haimon.

(1) C'est la première fois que nous voyons ainsi écrit le nom de la ville de Mortain.

Robert de Torigny, comte de Glocestre et luy donna encore les comtés de Cornouailles, de Dorset, de Sommerset et de Lancastre, avec plusieurs autres terres et seigneuries. Ce mariage se fit contre la défense de l'archevêque de Cantorbery qui, autant scrupuleux que ceux qui avaient marié Hamelin l'étaient peu, disait qu'ils étaient parents au quatrième degré.

Jean était un prince d'un très mauvais caractère, sans conduite et sans fidélité, comme il parut en toutes ses actions. Il seconda les mauvais conseils de Philippe-Auguste qui faisait tous ses efforts à semer la discorde entre ces deux princes Anglais, afin d'en profiter. Pendant que le roy fut en la Terre Sainte ou prisonnier en Allemagne, Philippe luy offrit et sa fille et des troupes pour aller se rendre maître de l'Angleterre. Il y passa en 1193 et prit quelques petites places; mais les Anglais plus fidèles que luy rendirent les efforts de Jean inutiles et le contraignirent de repasser honteusement. Voicy ce qu'en dit Mathieu Paris: *Rege autem Richardo ab imperatore detento comes Joannes, frater ejus, audito regis infortunio atque de ejus regressu diffidens fœdus amicitiæ cum Philippo, Francorum rege, iniit, sinistroque usus consilio in Angliâ pro fratre disposuit coronari: Anglorum laudabili virtute fuit impeditus.* (Sur l'an 1193, pag. 123).

Jean était encore en Angleterre, lorsque la nouvelle vint au roy de France que le traité entre le roy Richard et l'empereur était conclu. Il en donna aussitôt avis au comte de Mortain, luy écrivant en ces termes: « Donnez-vous bien garde, car le diable est délié. »

Auparavant cette liberté, Richard, qui connaissait Auguste et le génie de son frère, le comte de

Mortain, avait tâché de les apaiser afin qu'ils ne s'opposassent pas à ses desseins. On avait traité avec eux. Voicy l'article qui regardait notre comte : « Pourvu que les agents de Sa Majesté Anglaise puissent suffisamment prouver en parlement et cour du roy de France que Jean, comte de Mortain, se soit obligé à trouver de l'argent pour la rançon du roy d'Angleterre, son frère, et en ait donné lettres d'assurance, iceluy comte demeurera obligé de payer ce qu'il a promis avec toute la terre qu'il possédait quand le roy d'Angleterre alla au voiage d'outremer. Que si le comte veult denier que les lettres qu'on luy produira ne soient point de luy ou qu'il ne se soit point obligé par serment à cela, les agents du roy Richard trouveront en ladite cour du roy de France par témoins irréprochables qu'il a promis par serment de fournir de l'argent pour la rançon de son dict frère, et s'il manque à reconnoistre son obligation, le roy de France ne se portera point pour luy. » Cecy est tiré de Roger Hovenden, et traduit en notre langue.

Ce traité fut sans effet. Philippe-Auguste et notre comte envoyèrent en Allemagne traiter avec l'empereur, afin qu'il ne donnât point la liberté à Richard, ou s'il avait résolu de la luy donner, que ce ne fut pas si tost. Leurs ambassadeurs offrirent à l'allemand cinquante mille marcs d'argent de la part du roy de France et trente mille de la part du comte de Mortain pour retenir encore prisonnier le roi d'Angleterre jusqu'à la Saint-Michel, ou mille livres d'argent par mois autant de temps qu'il voudrait le garder, ou enfin cent cinquante mille marcs d'argent dont le roy en payerait cent et le comte cinquante, s'il voulait le garder un an.

Cette négociation ne réussit point. Richard revint. Guerre entre les deux roys. Auguste enleva de force le Val de Ruel, Le Neubourg et Evreux. Il en confia la garde à notre comte pour se le concilier. Il le trahit par une perfidie cruelle et inouïe. Il convia trois cents français de la garnison d'Evreux à dîner avec luy. Eux venus, il les fit barbarement massacrer et rendit à Richard la ville et le château. Il luy pardonna sur les prières de la reine Eléonore, leur mère. Cecy est tiré du même Hovenden et voicy comme Mathieu Paris parle de cette réconciliation des deux frères : *Rex Richardus in festo Sanctorum Nerei et Achillei, apud Portesmuth novum ascendens in Normanniam appulit et apud Brures nocte illa quievit ubi comes Johannes, frater ejus, optimo usus concilio regi occurrit supplex et se ad pedes ejus humiliter cum militibus multis prosternens miserationem fratris sui profusis lacrymis imploravit, seque in multis accusans in sapientiam suam et consilium malorum non maliciam, et sic necesse factum fuisse quo irrevocabilis foret rex confitetur. At rex ut erat pius fraternæ calamitati compassus non se potuit à lacrymis cohibere, sed fratrem in terrâ prostratum ingens in pristinam gratiam recepit, etc.*

On dit qu'en la dernière année du règne de Richard, Philippe-Auguste, qui ne s'accommodait point de l'amitié et de l'union qu'il voyait entre ces frères, fit un effort pour la rompre. Il y avait trève entre les deux roys, Philippe s'en servit et manda à Richard que le comte de Mortain, son frère, le trahissait, qu'il s'offrait à prendre le pays de France, et qu'il luy ferait voir lorsqu'il le voudrait les conventions qui étaient entre eux. Richard le crut un peu trop légèrement et commença de montrer de la froideur à son frère. Le comte en ayant su la cause envoya aussitôt deux cavaliers en la cour de Philippe pour maintenir en telle façon qu'on voudrait que le comte de Mortain n'était coupable en rien de la perfidie dont on l'accusait. Personne ne se présenta pour la soutenir. Ainsi parut l'innocence de JEAN et son frère ne l'en aima que mieux.

Cette amitié dura peu, RICHARD ayant été tué devant Chalus, en Limousin, cette année dont nous parlons 1199. Mais d'ailleurs cette mort changea la condition de notre comte. Il succéda à son frère en tous ses Etats, tant delà que deçà la mer : *Rege Richardo*, dit Mathieu Paris, *viam universæ carnis ingresso, Joannes frater ejus, comes Moritonii, servos fratris sui universos militesque stipendiosos cum honore retinuit multa eis dona promittens, etc.* Il envoya aussitôt Hubert, archevêque de Cantorbie et quelques autres de ses plus fidèles serviteurs en Angleterre, recevoir le serment de fidélité des seigneurs, et luy fut à Rouen, où il reçut l'épée de duc, des mains de l'archevêque Gaultier. « *Comes Joannes, Rothomagum veniens in octavis Paschæ gladio ducatus Normanniæ accinctus est in majore ecclesiâ per ministerium Walterii, Rothomagenis archiepiscopi, ubi archiepiscopus memoratus ante majus altare in capite ejus posuit circulum aureum habentem in sommitate pagyrum rotulas aureas artificialiter fabricatas multa pars.* »

Cet honneur ny tous ces biens, qui sont au deçà de la mer ne luy restèrent guères. En 1204, JEAN n'avait plus rien dans le royaume de France.

1203. L'an précédent, Guy de Thouars, commandant une armée pour le roi de France, chassa une armée d'Anglais qui était descendue en Bretagne, et venant de là en notre province, il se rendit maître de Mortain et des autres places fortes du païs.

C'est ainsy que le comté de Mortain retourna en la main de nos rois. PHILIPPE-AUGUSTE le donna à REGNAULT, comte de Boulogne. C'est ce que nous

apprenons des reproches que luy fit ce monarque après la journée de Bouvines, où ce comte ingrat et perfide avait été pris. « Tu sais, luy dit le roy,
» que je t'ay pris en moult grand amitié, te fis che-
» valier et t'ay moult donné de richesses, néan-
» moins AUBERY, comte de Dampmartin, ton père,
» et toy vous vous elevastes contre moy et vous joi-
» gnites au roy HENRY d'Angleterre. Je te pardon-
» nay et donnay la comté de Dampmartin qui m'es-
» toit escheue par droit jugement et forfaicture,
» car ton père était mort en guerre contre moy.
» Non obstant ces bénéfices tu t'allias de rechef
» contre moy au roy RICHARD d'Angleterre, après
» la mort duquel je te reçus de rechef en grâce.
» Outre ce, te donnay trois comtés Mortaing, Au-
» masle et Varennes. Mais tous ces bienfaicts ou-
» bliés tu as esmeu contre moy Angleterre, Alema-
» gne, Flandre, Haynault, Brabant et plusieurs
» aultres seigneurs. »

En ces temps là, le comté de Mortain était un fief mouvant et relevant de l'église Cathédrale (1). Chaque nouveau seigneur était en obligation de luy en rendre aveu et de luy prester serment de fidélité. Les rois de France faisaient rendre ce devoir par leur bailly du Cotentin, et lorsque ce comté passa par don, échange ou autrement en d'autres mains, ses détenteurs étaient obligés de faire ce même devoir par eux-mêmes. C'est ce qui nous paraît évident par une charte du roi SAINT-

(1) Cela n'était vrai qu'en ce qui concernait les fiefs et droits féodaux dépendant du comté de Mortain et assis sur diverses paroisses du Cotentin. Quant au comté de Mortain, proprement dit, il ne relevait que des ducs de Normandie, et non point des Evêques de Coutances.

LOUYS, datée du vendredy après le dimanche *reminiscere* 1269, par laquelle ce monarque, sur la requête à luy présentée par Jean D'ESSEY, évêque alors de cette église, il ordonna à son bailly de faire ce devoir. Voicy cet acte extrait du cartulaire du chapitre de Coutances, feuillet 214 du premier volume. « *Ludovicus, Francorum Rex, baillivo Constantini, salutem. Cum in nostrâ curiâ fuerit ordinatum dilecti ac fidelis nostri Joannis, episcopi Constantini interveniente consensu, quod baillivus noster Constantini qui pro tempore fuerit ratione comitatus nostri Moritonii juramentum præstet in primâ suâ institutione quod ecclesiæ Constantini fidelitatem portavit, mandamus tibi quatenus facias hujusmodi juramentum et ut statutum quod si contingat comitatum Moritonii exire de manu nostrâ vel successorum nostrorum regum Franciæ, ille qui pro tempore dictum comitatum tenebit, ratione dicti comitatus prædictæ ecclesiæ simile faciet juramentum. Actum Parisiis, die veneris, post Dominicam quâ cantatur Reminiscere, anno domini 1269.* »

Longtemps auparavant, comme nous avons déjà remarqué, le comte de Mortain avait des terres auprès de la ville de Coutances, ainsi qu'il paraît par les actes de Geoffroy DE MONBRAY, 36e évêque de cette ville, insérés dans ce fameux registre du chapitre de cette église, appelé le livre noir, en parlant de ce bois fermé de murailles, qu'on appelle le Parc l'Evêque, que fit ce prélat. Il est dit qu'il le fit clore jusque contre ce qui appartenait au comte de Mortain : « *Terram Parci contra comitem Moritoniensem ex parte expugnavit, ipsum que parcum duplici fossato vallavit.* » C'est sur l'an 1056.

Lorsqu'on fut obligé de bailler le Cotentin au roi de Navarre en échange des comtés de Brie et de

Champagne, sur lesquels il prétendait quelques droits, notre Mortain en fut du nombre et tomba sous la puissance de Charles-le-Mauvais et participa aux malheurs dont le royaume fut accablé pendant la vie de ce prince. Il y a dans les archives de l'église collégiale de cette ville une charte des privilèges que le père de ce roi luy avait accordés. Aussy, tel que fut Charles, ses vassaux luy témoignèrent toujours une grande fidélité.

Nos annales nous enseignent que l'an 1354, ce roi de Navarre, leur seigneur, s'étant retiré de Normandie secrètement et sans le su et l'aveu du roy, ce monarque vint à Rouen et fit prendre et saisir en ses mains les terres que ledit roi de Navarre avait en Normandie, réservé Evreux, Pont-Audemer, Cherbourg, Gavray, Avranches et Mortain, parceque ceux qui étaient dedans dirent qu'ils ne les bailleraient à autre qu'au roi de Navarre qui les leur avait baillées en garde.

On doit encore remarquer qu'en l'an 1455, messire Jean Bouquart, évêque d'Avranches, voulant, en sa qualité d'évêque, faire la visite de cette église collégiale, le doyen et le chapitre s'y opposèrent. La cause ayant été portée à la cour métropolitaine, l'évêque gagna. Le doyen de l'humeur de ceux qui perdent leur procès s'imagina qu'on luy avait fait injustice, en appela non au pape, mais à l'archevêque de Lyon, comme primat des Gaules. Son appel relevé, on le faict afficher en une même nuit en secret aux grandes portes des églises cathédrales de Notre-Dame de Rouen et de Saint-André d'Avranches. Cette nouveauté surprit. L'affaire fut portée à Rome. Long et fascheux procès auquel toute la seconde Lyonnaise s'intéressa, étant inouy que la première étendit sa juridiction sur elle. Le pape Callixte III décida enfin en faveur de l'évêque d'Avranches et des prélats de Normandie, et la procédure du doyen de Mortain fut blâmée.

Il y a deux décrets de ce pape sur ce sujet. L'un du 22 de juin 1457, adressé à l'archevêque de Besançon et aux évêques de Cambray et de Laon pour le faire exécuter ; l'autre du 3 juillet de l'an suivant 1458. Le P. de La Pommeraye, bénédictin de Rouen, rapporte ces décrets dans son recueil des conciles de Rouen, qui a pour titre *Sanctæ Rothomagensis ecclesiæ decreta synodalia*.

L'an 1529 le comté de Mortain fut baillé par le roi François Ier à Monsieur le duc de Montpensier, François de Bourbon, en échange de certaines autres terres et seigneuries qui luy appartenaient aux Pays-Bas et qu'on avait été obligé de céder à l'empereur Charle-Quint par le traité de Madrid. Feu Mademoiselle, dernière héritière de la maison de Bourbon-Montpensier, disposa peu de temps avant sa mort de ce même comté de Mortain, en faveur de Monsieur le duc d'Orléans.

Dans le troisième volume du livre de la création des offices de France, par les sieurs Joly et Girard, advocats au parlement, au feuillet 454, l'édit pour la création des Chambres présidiales porte en termes exprès :

« Item en la ville et cité de Saint-Lo présidial. Un président, huict conseillers et un greffier d'apresent ; auquel outre le siége ordinaire de Saint-Lo ressortiront comme dessus les comtés de Coutances, Carentan, Valiongnes, Avranches, Mortain et autres siéges, lesquels nûment ou par priviléges ressortissoient directement en la cour de parlement de Rouen. »

Nous avons autant du procès-verbal pour l'établissement de cette Chambre présidiale, par lequel il paraît que les habitants de Mortain, les juges tant de cette ville que des juridictions subalternes y furent dûment appelés, y comparurent et ne s'opposèrent en aucune manière à la disposition de l'édict du roi. Mais simplement, ainsy que nous l'avons dit, les autres juridictions du Cotentin firent leurs remontrances tendantes à ce que cette Chambre fut établie à Coutances, attendu que les habitants de cette ville s'offraient à gager les officiers, ou bien que ceux de Saint-Lo se chargeassent de la même chose sans en inquiéter les villes et juridictions du ressort de cette Chambre.

Voicy quelques termes de ce procès-verbal qui nous regardent : « Jean Moissan, écuyer, licentié aux lois, lieutenant au siége de Thorigny, commissaire du roy nostre sire, en cette partie, etc. du party de honorables les échevins de Saint-Lo, nous ont esté représentées les lettres patentes du roy, par lesquelles le siége présidial pour les bailliages du Costentin, à sçavoir Coutances, Carentan, Vallongne, Avranches, Mortain et autres siéges... Ceux qui sont pour la vicomté de Coutances, savoir ceux dudict lieu de Coutances, Gavray, Grandville, etc. — Ceux qui sont pour Mortain, scavoir Tinchebray, Le Tilleul, Saint-Hilaire-du-Harcouët, Cuves, etc.

L'édit et ordonnance du roi à ce sujet ayant été, suivant le mandement du commissaire, signifié à chacun des siéges de juridiction du Cotentin et jour marqué pour comparaître en la maison de la ville de Saint-Lo, le 21 de juillet 1552, tous comparurent et furent appelés ainsy qu'il suit : « Premièrement a esté appelé le bailly de Costentin et son lieutenant général etc. Par après a esté appelé le bailly de Mortain, auquel appel il s'est comparu en personne et a fondé pour luy et maître Mathurin Gallon, licentié aux lois, son lieutenant général ;

par un mesme moyen ont esté appelez les communes dudict lieu de Mortain, les communes de Tinchebray, les communes des bourg et marché dudit lieu, les communes du bourg de Saint-Hilaire-du-Harcouët, les communes du bourg de Cuves ; tous siéges et membres dudict bailliage ; pour lesquels Jean ABRAHAM et maître Denys RESTOUT, sont fondés comme leurs procureurs et ont faict apparoir de leurs procurations passées devant ledit GALLON, lieutenant général, le 16 dudict moys et an, etc. »

Cet appel et comparution finie, lorsqu'on en fut à l'article de l'imposition de seize cents livres par an sur tous et chacun de ces siéges ressortissants de cette Chambre présidiale, pour les gages de ces officiers, chacun de ces siéges fit ses remontrances pour n'être point obligé à cette contribution, spécialement après que les députés de la ville de Coutances eurent fait l'offre que nous venons de dire.

Voicy ce que remontrèrent ceux de Mortain :

« En laquelle publication duquel patent (porte le procès-verbal), s'est présenté notre homme GILLES DE LA BIGNE, S[r] DE LA ROCHELLE, soy disant procureur de très hault et puissant seigneur le duc de MONTPENSIER, comte de Mortain, lequel a protesté pour le seigneur de Mortain la création des officiers de ladite Chambre présidiale, ne luy tourner à préjudice quant à son droit propriétaire, ny mesme à ses sieurs officiers qu'il luy plaist nommer audict comté ; lequel, cela signé, nous a requis estre inséré en nostre procès-verbal. Signé LABIGNE. »

Les autres députés du même bailliage de Mortain et juridictions subalternes firent leurs remontrances en ces termes : « Suivant la comparence ce jourd'huy 22 juillet 1522, devant nous Monsieur le Commissaire député par le roy pour la constitution de la Chambre présidiale des bailliages de Costentin et Mortain, Jean ABRAHAM, le Jeune, et Mre Denys RESTOUT, déléguez et ordonnez pour tous les manans et habitans des comté et bailliage de Mortain, en vertu de leur procuration spéciale quant à ce, disent qu'ils consentent et accordent le siége présidial desdits bailliages estre assis et établi suivant le vouloir du Roy, nostre Sire, en ceste ville de Sainct-Lo, pourvu toutesfois que les habitans de ceste ville et des paroisses adjacentes payent et satisfassent les juges présidiaulx, conseillers et officiers de ladicte Chambre.

« Et en cas que lesdicts de Sainct-Lo ne le voulussent pas, lesdicts ABRAHAM et RESTOUT, au nom que dessus, requièrent et supplient le Roy, nostre Sire, et Souverain Seigneur, que son plaisir soit ordonner ladicte Chambre estre establie et assise au lieu et ville de Coustances, parceque les habitans dudict lieu de Coustances et vicomté ont consenti et accordé porter et soustenir les frais et gages desdicts officiers, sur les marchandises tant des bestiaux que autres vendues et distribuées en ladicte ville et vicomté de Coustances; requérants à vous, Monsieur le Commissaire, employer ce que dessus en vostre procès-verbal, et lesquels ABRAHAM et RESTOUT ont signé le présent pour la plus grande approbation. »

Dans les registres des présentations et des jugements présidiaux donnés à Saint-Lo, lesquels registres sont conservés par un nommé SANSON, héritier d'un nommé LE ROUX, alors greffier de cette Chambre, il y a plusieurs présentations et arrêts présidiaux prononcés sur les appels intervenus des juges de Mortain.

Prieuré du Rocher.

Il resterait à vous parler, Monsieur, de ce prieuré de Mortain, nommé Sainte-Marie-du-Rocher, mais j'en sais peu de choses.

Ce prieuré est une dépendance de l'abbaye de Marmoutiers, comme nous avons dit, et fut fondé par le même Robert qui fonda le chapitre. Il le dota de plusieurs fiefs considérables et de plusieurs paroisses dont le prieur est présentateur et desquelles il perçoit les dîmes. La charte de fondation est de 1082, du consentement de Guillaume, roy d'Angleterre, son frère. On voit au pied : -¦- *Signum Willelmi, regis Anglorum et principis Normannorum.* -¦- *Signum Rogeri* (1), *comitis.* -¦- *Signum Willelmi, comitis, filii Willelmi, regis Anglorum.* -¦- *Signum Roberti, comitis Moritonii.* -¦- *Signum Willelmi, archipræsulis.* -¦- *Signum Michaelis, Abrincensis episcopi.* -¦- *Signum Roberti, comitis Normannorum, filii Willelmi, regis Anglorum.* -¦- *Signum Mathildis, comitissæ.* -¦- *Signum Gilleberti, Lexoviensis episcopi.* -¦- *Signum Gaufridi, Walloniensis.* -¦- *Signum Willelmi Patricii.* -¦- *Signum Willelmi, filii Roberti, comitis Moretonii.* -¦- *Signum Willelmi de Campo Arnulphi.*

Il y a encore dans les archives de Marmoutiers trois chartes originales touchant le prieuré. La première contient un acte par lequel le fondateur confirme de rechef cette fondation, dont les témoins sont Guillaume, comte de Mortain. Lui même signe *Willelmus comes.* Suivent les signatu-

(1) Ce doit être le comte Roger, beau-père de Robert, comte de Mortain.

tures : *Ranulphus, abbas Sanctæ Mariæ de Lonlaio* (c'était l'abbé de Lonlay) ; *Walterius, monacus filius Hamelini ; Jordanus de Say ; Robertus Geroldi, Richardus de Lestrâ, Gosselinus, Rogerius de Hauthonio, Richardus de Toscheto, Robertus de Appenticio, Alanus de Vireio, Robertus de Fontaneto, Willelmus de Villechien, Alanus de Isineio, Richardus Melle filius, Wido de Landevi, Gaufridus Ronvallonides, Willelmus Patricius, Rogerius Manducans, Robertus Osbernides, Robertus Wace, Albertus Decanus, Robertus Carpentarius, Frogerus Lorecator, Decanus de Moritonio, Robertus filius Norgodi.*

Ex monachis verò, Fromundus, prior, Evanus de Britanniâ, Robertus de Pontivio ; ex parte comitis, Hubertus de Monte Canisi, Stephanus Decanus, Robertus Bavillain, Rogerius filius Vitalis, Rogerius de Viriaco.

Sont ensuite des signatures posées de la manière qui suit :

S. Jordanis	*S. Roberti*	*S. Unfredi*
-|-	-|-	-|-
de Fuscavillâ	*filii Geroldi*	*Piserde*
S. Arnulphi		*Signum*
-|-		-|-
vice comitis		*comitis*

-|- *Signum Roberti comitis*

-|- *Signum Guillelmi filii comitis*

-|- *Signum Mathildis comitissæ*

-|- *Signum Alberti Decani*

-|- *Signum Norgodi*

-|- *Signum Reginaldi.*

Après quoi on lit encore les termes suivants : *Testes sunt Ranulphus Avenellus, Gaufridus Ruallonis, Robertus Rosselet, Willelmus de Estra, Richardus Dapifer, Robertus Osberni filius, Radulphus de Gorgiis et Gillebertus Garnerius......*

La seconde est encore du même comte Robert et presqu'au même sujet, à cette différence que la précédente est sans date, et celle-cy datée de 1088, *regnante Roberto, Normannorum comite, filio Willelmi, regis Anglorum*, et y ont souscrit ceux dont les noms suivent : *S. Roberti, comitis. S. Alinodis comitissæ. S. Willelmi, comitis. S. Osberti, Decani. S. Roberti Osbernidis. S. Stephani, capellani. S. Willelmi Avenelli. S. Ranulphi Excoriantis Porcum. S. Hugonis de Guillethe.*

Et enfin une troisième contenant une espèce de transaction ou accord entre le chapitre de Mortain et les moynes de Marmoutiers, en date de 1137, *anno secundo regni et ducatus Stephani, regis Angliæ et ducis Normanniæ, apud Rothomagum, in præsentiâ præfati regis, et Hugonis, metropolitani Normanniæ, et Richardi, Abrincensis episcopi, et comitum et procerum plurimorum.*

Familles de Mortain.

Et pour finir ce qui regarde cette ville, j'ajouterai qu'il y a deux familles du nom de Mortain. L'une noble, qui porte d'hermines au chef dentelé de gueules, de laquelle l'auteur du Promptuaire armorial fait mention. L'autre anoblie depuis peu, qui possède depuis peu aussy un fief noble, nommé La

Brandière (1), à une lieue de Coutances. J'estime que le nom de Mortain a été donné à cette dernière de ce qu'elle a possédé et possède encore, du moins en partie, ces terres proche le Parc-l'Evêque, qui appartenaient autrefois aux comtes de Mortain.

(1) L'orthographe véritable de ce mot est Brannière.

NOTE COMPLÉMENTAIRE

Dans l'une de nos plus récentes publications (Journal d'Alençon, 30 janvier 1879. — Le Publicateur de l'Orne, 23 février 1879. — Bibliographie Normande, n° 8.), nous avons déjà fait connaître ces familles. Nous ne reproduirons pas ici ce que nous en avons dit; mais nous essayerons de compléter nos premières indications.

Il est absolument certain qu'à côté de nos comtes de Mortain, et de ROBERT, frère utérin du roi GUILLAUME, il a existé une famille du même nom patronymique de Mortain, que les catalogues des conquérants de l'Angleterre, en 1066, inscrivent sous le nom de MORTEN ou de MORTON. Ces listes, on le sait, confectionnées longtemps après cet événement mémorable, ne sont pas irréfutables; cependant, elles contiennent les noms de nos plus antiques familles normandes. A ce titre, la famille des chevaliers de MORTAIN avait tous les droits possibles à fixer l'attention. Aussi ces nomenclatures admettent-elles MORTEN auprès de MORTIMER, l'un des noms les plus distingués de l'Angleterre. (Jean BROMPTON. — André DUCHESNE. — Aug. THIERRY, Conquête de l'Angleterre par les Normands, etc.).

Du reste, nous les retrouvons, tantôt dans le Cotentin, tantôt dans l'Avranchin.

Une charte, du milieu du XIIe siècle, en faveur du prieuré de Lenton, dans le comté de Nottingham (Angleterre), indique le nom de Robert de Mortain à côté de ceux des Avenel, des Malherbe, des Saint-Patrice et des Adelée, qui tous étaient de notre contrée. (des Roches, Annales religieuses, civiles et militaires de l'Avranchin, 86).

Un peu plus tard, Jean de Morton est témoin à une charte de Williaume, évêque d'Avranches. (des Roches, id. 97).

La famille de Mortain donna l'un de ses fils, Robert de Mortain, au cloître de notre illustre abbaye de Savigny, vers le commencement du XIIIe siècle. Ce religieux figure avec Robert des Loges, Richard de Sacey et Mauger de Taon, au nombre des moines de Savigny qui furent les témoins de Fraslin, seigneur de Saint-Hilaire-du-Harcouët, à une concession faite au profit de l'abbaye dans le même siècle (des Roches, id. 132).

D'après un titre authentique des Archives de la Manche (Fonds de Hambic), nous avons déjà fait mention d'un *Valerius de Moritonio*, vivant vers la même époque dans le Cotentin (Bibliographie normande, 8).

A diverses assises judiciaires tenues à Avranches, aux années 1223 et 1237, figure encore Rual de Mortain (1), comme juré dans plusieurs sentences qui intéressent l'abbaye du Mont Saint-Michel. Tous les autres jurés appartenaient au même diocèse

(1) Rual était autrefois adopté comme un prénom. Il a été pris plus tard par diverses familles comme nom patronymique.

d'Avranches (cartul. du Mont St-Michel, à la Bibliothèque d'Avranches).

Cent vingt ans plus tard vivait Ponce (1) DE MORTAIN, qui semble avoir éprouvé les vicissitudes des guerres internationales de l'Angleterre avec la France. Son existence nous est signalée par un sauf-conduit indiqué dans les termes suivants : — « *XXIIe die « junii 1352. — Salvus conductus pro « nobili viro Poncio de Morteyn, vice comiti de « Aunay* (2), *prisonario Regis, pro quibusdam « negociis redemptionem suam tangentibus, in « Angliam veniendo. Teste Rege ut suprà (id est « apud Westminter).* » (Mémoires des Antiquaires de Normandie, n° 12, t. XXIII).

Mais un curieux manuscrit intitulé : Trésor des Chartes, tome III, nous a fait connaître un détail plus curieux encore. Il contient cette mention que nous voulons copier : « 20 novembre 1321. Héritages acheptés en plusieurs parties de Mons. Guille (Guillaume ou Gilles) de Mortaing et de Damoiselle Marie, sa sœur.... La terre de Mortaing acquise par le Roy. » (DES ROCHES, id. id. 298).

Sans autre indication, cette note est pour nous une énigme.

Cependant il ne saurait être douteux un instant que plusieurs fiefs seigneuriaux ont dû porter le nom de Mortain. Nous en savons un aux environs de Coutances. Mais il était sous la dépendance cléricale du prieuré du Rocher, près de la ville de Mortain ; il ne pouvait donc à ce titre être attribué

(1) Beaucoup d'actes orthographient Pons : nous avons cru nous rapprocher davantage du mot latin *Poncius* en disant Ponce

(2) Aunay-sur-Odon.

à la famille de Mortain. A moins qu'il ne s'agisse ici de l'important domaine de Mortain, qui nous a été révélé par l'un des précieux manuscrits des Archives nationales (classé P. P. 24) et qui a pour titre : Dictionnaire des anciens aveux de Normandie, conservés en la Chambre des Comptes de Paris et composé par BRUSSEL, conseiller en ladite chambre.

Voici ce qui concerne ce fief :

« Mortaing, autrement dit Esterville, fief seigneu-
« rial mouvant d'Evrecy. — Hommage rendu en
« novembre 1571, par Charles D'ESTERVILLE. —
« Folio 524. »

« Mortaing, autrement dit Esterville, vicomté de
« Caen. — Aveu en novembre 1576, par Charles
« D'ESTERVILLE. — Folio 524. »

Rien n'empêcherait que la famille de Mortain ne vint de là et n'eut pris son nom de cette terre, ou ne le lui eut même donné primitivement.

Toujours est-il que nous avons retrouvé constamment depuis le XIIe siècle jusqu'au XVIe cette vieille famille de noblesse, tantôt dans l'Avranchin, tantôt aux environs de Coutances. A cette dernière époque elle semble avoir émigré vers Lisieux, tandis qu'une autre maison du même nom, qui lui semble complétement étrangère, s'agrandissait également à Coutances, où Jacques MORTAIN, sieur de la Pommerais, obtenait de Louis XIV, vers 1649, des lettres d'anoblissement. Ses descendants ont formé les DE MORTAIN de la Brannière et les DE MORTAIN de Saint-Denis-le-Vêtu. D'après D'HOZIER (Armorial général de la France, mss. de la Bibl. Nationale, Normandie, vol. Caen. — Coutances ff. 198 et 215) leurs armoiries étaient : d'azur à une face d'argent, accompagnée en chef d'une croix alaisée, ou d'une croisette d'argent, et en pointe de 3 étoiles de même, posées 2 et 1.

Pour les DE MORTAIN, de Lisieux, dont les membres étaient d'ancienne noblesse et que nous trouvons alliés aux DU TIRON et FORMEVILLE, et toujours assistés dans leurs actes des DE VAUMELLE, des DE VYMONT, LE BAS, DU COUDRAY, DE MAILLOC, etc., nous avons pu les suivre jusqu'en 1698. A cette date nous les trouvons en Flandre, où ils paraissent s'être fixés depuis. C'est à Lisieux que Pierre MORTAIN et Marguerite DU TIRON avaient eu pour fille aînée, le 24 juin 1607, Jeanne MORTAIN, décédée en odeur de sainteté, aux Ursulines de Caen, sous le nom de Jeanne de Sainte-Croix. Nous avons lu dans les archives de ce couvent que la mère de la vénérée Jeanne, d'après les traditions constantes de sa famille, était alliée à Ste Opportune, abbesse d'Almenesches, et à St Godegrand, évêque de Séez. L'un des frères de Jeanne fut conseiller du roi et élu en l'élection de Lisieux, de 1658 à 1690 environ. Il eut de nombreux enfants de Jeanne FORMEVILLE, et leur fils aîné, qui reçut les cérémonies du baptême dans la chapelle particulière du palais épiscopal de Lisieux, le 2 avril 1657, eut pour parrain Monseigneur Léonor DE MATIGNON, évêque de cette ville. (Etat civil).

Le mariage de Pierre-Léonor DE MORTAIN avec Anne THIBAULT, veuve du capitaine Gaspard Jean DE VERT, l'amena au Quesnoy (Flandre), où se fixèrent ses descendants.

C'est évidemment de cette vieille famille normande dont a voulu parler notre historien TOUSTAIN DE BILLY, puisqu'elle a le même blason héraldique : d'hermines au chef denché de gueules. (GRANDMAISON, Armorial général, coll. Migne).

Il existe un mémoire sur la famille DE MORTAIN,

par M. Charles DE MORTAIN, Mâcon, Protat, 1857, in 4°, mais fait sans aucun esprit de critique, il ne nous inspire pas de confiance; aussi ne lui avons-nous rien emprunté.

Nous terminerons nos observations sur l'œuvre de TOUSTAIN DE BILLY par une pièce notable, où l'un de nos comtes, Edmond DE BEAUFORT, au temps de la domination anglaise, quitta son propre nom pour adopter comme sa signature celui de notre ville et de son nouveau domaine. C'est la seule fois que nous ayons vu l'un de nos comtes signer ainsi, et cet acte mérite d'être signalé.

« Nous Emond, comte de Mortaing et de Harcourt, con-
» fessons avoir eu et receu de nostre bien amé maistre
» Raoul AUGUY. nagaires nostre tresorier et recepveur
» général en Normandie, une chainture d'or. à usage de
» femme, avec les tissu, clous et rives, enrichie de VII
» perles, VI diamens et VIII rubis, faicte à Rouen par
» Denis LE CHARTIER, orfevre, de laquelle sainture le nom-
» bre et la valeur de l'or, fasson, tissu, perles et pierres
» est plus à plain déclaré en une cédule devers nous lessée
» de par ledit maistre Raoul, le tout montant à la somme
» de II° XLIX livres IX sols VI deniers tournois, de laquelle
» chainture et d'icelle somme de II° XLIX livres IX sols VI
» deniers tournois nous nous tenons pour contens, en
» quictons ledit maistre Raoul et tous autres. Tesmoing
» notre saing manuel cy mis.

» A Londres, le .. jour de juillet, l'an mil CCCC cent
» trente-sept.

» MORTEYN. »

Original aux archives de la Manche.

Mortain, imp. A. Mathieu. — 1879.

www.ingramcontent.com/pod-product-compliance
Ingram Content Group UK Ltd.
Pitfield, Milton Keynes, MK11 3LW, UK
UKHW021143230726
13926UKWH00002B/899